Atlas Bíblico

ESTUDO ATUAL E DINÂMICO DA CARTOGRAFIA BÍBLICA

2ª Edição
Revista e Atualizada

PAE
EDITORA

Editor:
Cristian Muniz

Coordenação Pedagógica:
Geovana Muniz

Revisão:
Any Meire Tiltscher

Capa e Diagramação:
ecArte

Dados Internacionais de Catalogação na Publicação (CIP)
(Câmara Brasileira do Livro, SP, Brasil)

Atlas bíblico. -- São Paulo: PAE Editora, 2024.

1. Bíblia Sagrada 2. Geografia Bíblica 3. História da Bíblia
I. Título.

ISBN: 978-85-98558-95-0

12-448 *CDD-220.9*

Índices para catálogo sistemático:

1. Atlas Bíblico: Geografia Bíblica 220.9

PAE EDITORA

PAE Editora
Rua Saguairu, 282 - Casa Verde
02514-000, São Paulo, SP
Tel: (11) 3222-9015
www.pae.com.br

Sumário

Apresentação

Para compreendermos com mais profundidade as Escrituras Sagradas, a Bíblia, é necessário que se conheçam as terras bíblicas onde ocorreram todos os acontecimentos narrados e foram palco da vida dos personagens e das profecias do Antigo Testamento, dos cristãos do primeiro século e, principalmente, da vida e ensinamentos de Jesus Cristo.

Mensagens e fatos descritos na Bíblia, tidos como obscuros tornam-se claros quando estudados à luz da geografia bíblica. O ensino da Bíblia torna-se objetivo e de fácil compreensão quando podemos apontar, mostrar e descrever os locais onde os fatos se desenrolaram.

Ao longo de toda a Bíblia, a Palestina ocupa um papel extremamente importante. O valor místico dessa terra deu origem ao fenômeno das peregrinações entre judeus, muçulmanos e cristãos. É a razão dos conflitos do Oriente Médio até os dias de hoje.

Essa terra chamada Santa sempre foi contemplada como sinal de felicidade e de bênçãos de Deus. É neste cenário que vemos acontecer todos os principais acontecimentos bíblicos que este Atlas se propõe a apresentar, tornando seu conhecimento bíblico mais profundo e abrangente. Viaje conosco através das páginas deste livro e adquira a compreensão necessária para que sua fé aumente cada dia mais.

Equipe Editorial

ÁSIA
EUROPA
Mar Negro
Mar Cáspio
TURQUIA
SÍRIA
Mar Mediterrâneo
IRAQUE
ARÁBIA
SAUDITA
Golfo Pérsico
EGITO
Mar Vermelho
1
2
3
4
5
6
7
8
9

Principais Eventos Bíblicos no Antigo Testamento

1. Em Gênesis capítulos 1 e 2 encontramos a história da criação e a origem do ser humano.
2. Depois em Gênesis capítulos 6 a 9 a história do dilúvio universal onde Deus repovoa a terra atraves dos filhos de Noé.
3. Logo depois do dilúvio, o homem novamente se afasta de Deus e começa a erigir uma grande torre (Gênesis 11), símbolo do orgulho, prepotência e desobediência humana, onde Deus intervem e confunde as línguas.
4. Deus escolhe um homem para ser pai da nação do povo de Deus (Gênesis 12). Fazendo um chamado para sair de sua terra e ir à terra prometida.
5. Os primeiros patriarcas da Bíblia: Abraão, Isaque e Jacó com suas histórias fantásticas de confiança, mas também de queda e misericórdia de Deus para com esses homens. (Gênesis 12 a 33).
6. Depois de mais de 400 anos escravos no Egito, o povo de Deus é retirado deste pais por Deus através de um homem chamado Moisés. Depois de 10 pragas, o Faraó deixa o povo seguir seu caminho, com o episodio da abertura do mar vermelho e a chegada à terra prometida por Deus, quarenta anos depois.
7. Israel teve três reis governando todo Israel: Saul, Davi, onde o reino teve a sua maior expansão territorial e Salomão, seu filho. Após a morte de Salomão acontece a divisão do Reino em dois.
8. A nação de Israel se afasta de Deus não dando ouvidos às orientações de Deus de não seguir os costumes dos povos pagãos ao seu redor e são levados cativos para Babilônia.
9. Após 70 anos de cativeiro babilônico, o povo retorna a sua terra através de Neemias.

A criação

A Bíblia é clara em apontar que no princípio criou Deus o céu e a Terra, isso ele fez em 6 dias e no sétimo descansou de toda obra que tinha feito. No sexto dia, porém, Deus criou o homem. Gênesis 2:8 diz que o primeiro lar de Adão e Eva foi o Jardim do Éden que ficava na direção do oriente.

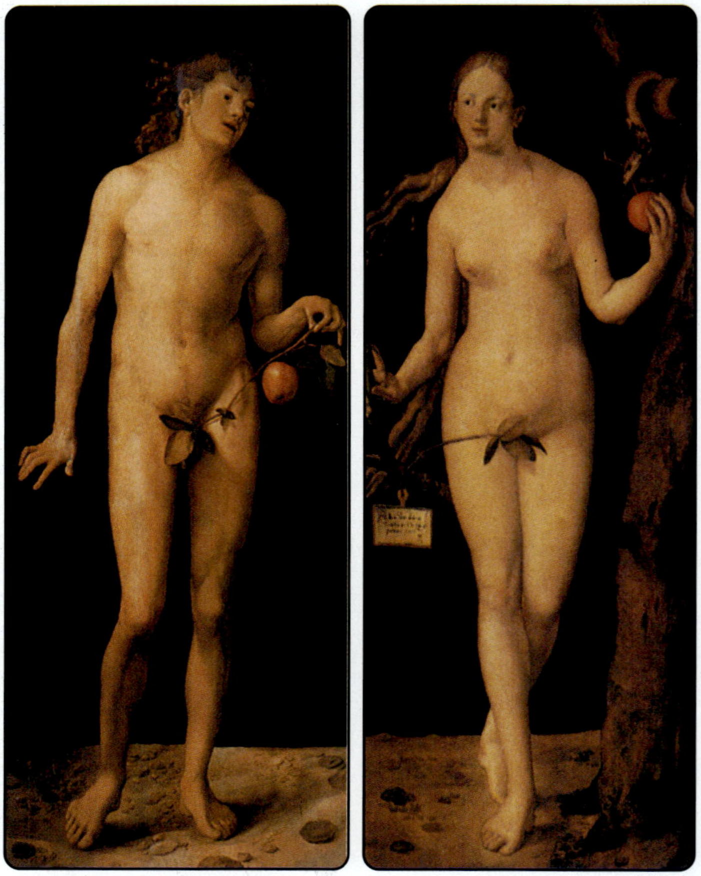

Adão e Eva, pintura de Dürer, Albrecht

ESTÁ NA BÍBLIA

E plantou o SENHOR Deus um jardim no Éden, do lado oriental; e pôs ali o homem que tinha formado. E o SENHOR Deus fez brotar da terra toda a árvore agradável à vista, e boa para comida; e a árvore da vida no meio do jardim, e a árvore do conhecimento do bem e do mal. E saía um rio do Éden para regar o jardim; e dali se dividia e se tornava em quatro braços. O nome do primeiro é Pisom; este é o que rodeia toda a terra de Havilá, onde há ouro. E o ouro dessa terra é bom; ali há o bdélio, e a pedra sardônica. E o nome do segundo rio é Giom; este é o que rodeia toda a terra de Cuxe. E o nome do terceiro rio é Tigre; este é o que vai para o lado oriental da Assíria; e o quarto rio é o Eufrates.E tomou o SENHOR Deus o homem, e o pôs no jardim do Éden para o lavrar e o guardar. Gênesis 2:8-1

JARDIM DO ÉDEN
Do Hebraico Êden (delícia, deleite)

Localizações possíveis do Jardim do Éden

A Arca de Noé e o dilúvio

O homem que Deus havia criado se tornou mau em todos os seus caminhos e Deus percebeu que deveria destruí-los antes que eles destruíssem tudo o que Ele havia criado. Deus escolheu Noé para que uma grande arca fosse preparada a fim de salvar os animais e todos que quisessem, porém somente a família de Noé quis entrar na grande arca.

ESTÁ NA BÍBLIA

Então disse Deus a Noé: O fim de toda a carne é vindo perante a minha face; porque a terra está cheia de violência; e eis que os desfarei com a terra. Faze para ti uma arca da madeira de gofer; farás compartimentos na arca e a betumarás por dentro e por fora com betume. E desta maneira a farás: De trezentos côvados o comprimento da arca, e de cinquenta côvados a sua largura, e de trinta côvados a sua altura. Farás na arca uma janela, e de um côvado a acabarás em cima; e a porta da arca porás ao seu lado; far-lhe-ás andares, baixo, segundo e terceiro. Porque eis que eu trago um dilúvio de águas sobre a terra, para desfazer toda a carne em que há espírito de vida debaixo dos céus; tudo o que há na terra expirará. Mas contigo estabelecerei a minha aliança; e entrarás na arca, tu e os teus filhos, tua mulher e as mulheres de teus filhos contigo. E de tudo o que vive, de toda a carne, dois de cada espécie, farás entrar na arca, para os conservar vivos contigo; macho e fêmea serão. Das aves conforme a sua espécie, e dos animais conforme a sua espécie, de todo o réptil da terra conforme a sua espécie, dois de cada espécie virão a ti, para os conservar em vida. E leva contigo de toda a comida que se come e ajunta-a para ti; e te será para mantimento, a ti e a eles. Assim fez Noé; conforme a tudo o que Deus lhe mandou, assim o fez. Gênesis 6:13-22

Depois disse o SENHOR a Noé: Entra tu e toda a tua casa na arca, porque tenho visto que és justo diante de mim nesta geração. Porque, passados ainda sete dias, farei chover sobre a terra quarenta dias e quarenta noites; e desfarei de sobre a face da terra toda a substância que fiz. E aconteceu que passados sete dias, vieram sobre a terra as águas do dilúvio.

No ano seiscentos da vida de Noé, no mês segundo, aos dezessete dias do mês, naquele mesmo dia se romperam todas as fontes do grande abismo, e as janelas dos céus se abriram,

E houve chuva sobre a terra quarenta dias e quarenta noites. Gênesis 7:1,4, 10-12

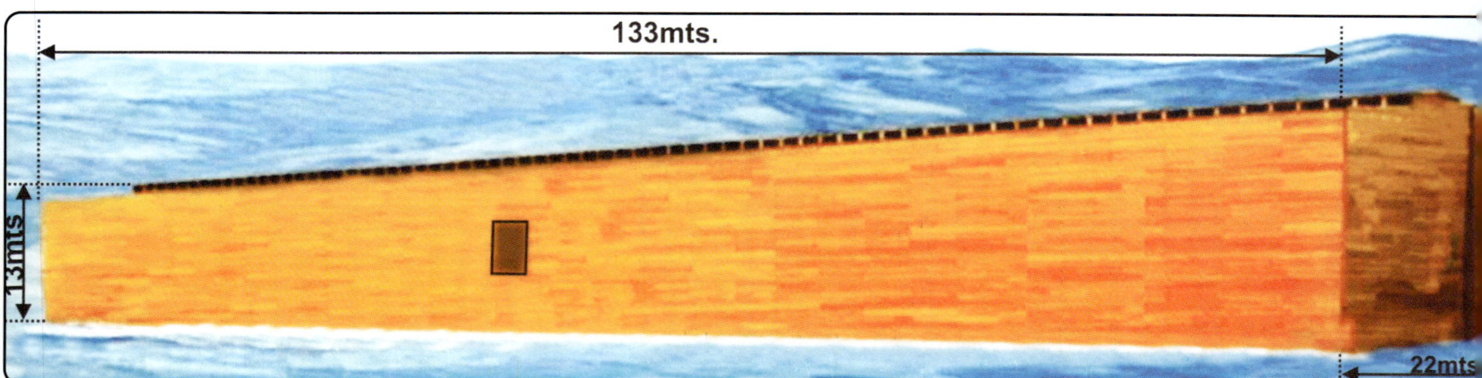

Um verdadeiro transatlântico

- As medidas dessa arca são tão extraordinárias que até 1884 não havia sido construído um navio tão comprido como a arca de Noé;
- Media o equivalente a 12 ônibus enfileirados;
- Tinha uma capacidade volumétrica aproximada de 568 vagões ferroviários;
- A arca percorreu aproximadamente 4.200 Km;
- Caberiam dentro da arca 125.280 animais do tamanho de uma ovelha;
- Foi feita de madeira de CIPRESTE — árvore longeva que pode alcançar grandes dimensões;
- Foram encontrado relatos em vários lugares do mundo, sobre uma grande inundação da qual poucas pessoas se salvaram;
- Um geólogo certa vez declarou: Talvez a maior descoberta arqueológica de todos os tempos — a arca de Noé — esteja sendo preservada providencialmente para, no momento certo, ser revelada ao mundo como um monumento, prestando silenciosamente sua homenagem ao Criador e Mantenedor da vida, o mesmo Deus que amorosamente deseja implantar em nosso ser a Sua própria imagem, para que possamos habitar eternamente em Sua companhia, no Céu e na Nova Terra finalmente restaurados.

Esta réplica da Arca de Noé, foi criada por Johan Huibers e localiza-se na cidade de Schagen, norte da Holanda.
O construtor da Arca diz ter feito a réplica como uma demonstração de sua crença literal na Bíblia. A Arca tem metade do que seria o tamanho original da Arca de Noé, com 67,5 metros de comprimento e três andares de altura.
A Arca levou cerca de 2 anos para ser construída, com vários modelos de girafas, elefantes, zebras, crocodilos, leões - todos em tamanho real.

Provas de um dilúvio universal

Em 1929, o arqueólogo inglês Sir Leonard Woolley realizou uma série de escavações em um terreno junto ao Tell al Muqayyar, na Arábia. Alguns poços foram cavados, tendo sido achados vários vestígios de civilização. Continuaram cavando para ver até onde iriam os sinais de cultura e vida humana. De repente, os vestígios acabaram e Woolley pensou ter chegado ao fim das escava-

Obra O Dilúvio, Capela Sistina, de Michelangelo Buonarroti.

ções. No fundo do poço havia apenas uma camada de puro limo, do tipo que só se forma pela sedimentação da água.

Woolley recusou-se a acreditar que fosse o leito de um rio (o mais próximo era o Eufrates, cujo leito estava muito abaixo da camada de limo), e continuou as escavações. Para espanto dos pesquisadores, cerca de três metros de limo depois, novos vestígios de civilização foram encontrados, onde se esperava que houvesse terra virgem; vestígios, entretanto, bem diferentes dos que haviam sido encontrados acima da camada de limo. O Dilúvio — essa era a única explicação possível para a enorme jazida de lama sob a colina de Ur que separava nitidamente duas épocas humanas. Para tirar toda dúvida, Woolley mandou cavar outros dois poços distantes dali, e o resultado foi o mesmo: restos de vasos e utensílios, uma camada espessa de limo (à mesma profundidade da anterior), e, novamente, vestígios.

Os inúmeros fósseis que são encontrados em diversas partes do mundo são uma prova inequívoca do dilúvio universal, e são também uma evidência bíblica do poder de Deus que fez as águas. Os paleontólogos que estudam os fósseis são unânimes em destacar que os fósseis precisam de soterramento rápido e grande massa de água para serem preservados como fósseis.

Outro fato interessante é que os oceanos contêm água suficiente para cobrir a Terra. Se a superfície da Terra fosse plana, sem montanhas ou bacias oceânicas, ela seria coberta por uma camada de água com 3 km de profundidade (H. W. Dubach e R. W. Taber, Questions About the Oceans. Publication G13. Washington DC: US Naval Oceanographic Office, pág. 35, 1968). Portanto, há água suficiente para inundar a Terra. Antes do Dilúvio, certa quantidade de água estava provavelmente nos mares (não tão vastos como os de hoje), na atmosfera, como já dissemos, e uma quantidade desconhecida de água estaria no subterrâneo do planeta.

Fósseis de moluscos e peixes

O significado dos fósseis de moluscos e peixes encontrados nas rochas em diversas partes do mundo parece um mistério. O pesquisador Immanuel Velikovsky (1895-1979) fez a seguinte observação: "Quando um peixe morre, o corpo flutua na superfície ou afunda. É rapidamente devorado, no máximo numa questão de horas, por outros peixes." Contudo, os fósseis de peixes encontrados em rochas estão muito bem preservados, inclusive com todos os ossos intactos. Cardumes inteiros de peixes em extensas áreas, atingindo bilhões de espécimes, são encontrados num estado de agonia, com a boca aberta em sinal de sufocação, mas sem qualquer marca de ataques de animais.

ESTÁ NA BÍBLIA

A maior evidência de todas:
Jesus confirmou o dilúvio

"Mas a respeito daquele dia e hora ninguém sabe, nem os anjos dos Céus, nem o Filho, senão o Pai. Pois assim como foi nos dias de Noé, também será a vinda do Filho do homem. Porquanto, assim como nos dias anteriores ao dilúvio comiam e bebiam, casavam-se e davam-se em casamento, até ao dia em que Noé entrou na arca, e não o perceberam, senão quando veio o dilúvio e os levou a todos, assim será também a vinda do Filho do homem." Mateus 24:36-39

LOCALIZAÇÃO DA ARCA DE NOÉ

Monte Ararat, localizado atualmente na Turquia, é o local onde a Bíblia diz que a arca repousou.

Tem dois picos com neve perpétua, a mais alta chega a 5.165 metros.

O Monte Ararat tem sido alvo de várias investigações sobre a eventual existência da Arca de Noé, sobre a qual não existe, até ao momento, qualquer certeza científica.

Um grupo de arqueólogos religiosos afirma ter descoberto o paradeiro da Arca de Noé. A equipe, formada por pesquisadores chineses e turcos, encontrou em outubro de 2008 uma estrutura de madeira enterrada no Monte Ararat, na Turquia. Baseados em relatos bíblicos, os estudiosos acreditaram ter identificado o local onde a Arca teria supostamente ancorado após o Grande Dilúvio.

Os arqueólogos observaram que a estrutura continha uma série de compartimentos, alguns com vigas de madeira, que podem ter servido para abrigar animais. Além disso, todos os encaixes foram feitos sem pregos de metal, o que indica a possível antiguidade do achado. O teste de carbono 14 confirmou essas suspeitas, mostrando que a suposta arca tem cerca de 4.800 anos de idade.

▲ Localização do Monte Ararat

Pequeno Ararat (esquerda) e Grande Ararat (direita)

Torre de Babel

△ Possível localização da Torre de Babel

ESTÁ NA BÍBLIA

No mundo todo havia apenas uma língua, um só modo de falar.
Saindo os homens do Oriente, encontraram uma planície em Sinear e ali se fixaram.
Disseram uns aos outros: "Vamos fazer tijolos e queimá-los bem". Usavam tijolos em lugar de pedras, e piche em vez de argamassa.
Depois disseram: "Vamos construir uma cidade, com uma torre que alcance os céus. Assim nosso nome será famoso e não seremos espalhados pela face da terra".
O Senhor desceu para ver a cidade e a torre que os homens estavam construindo.
E disse o Senhor: "Eles são um só povo e falam uma só língua, e começaram a construir isso. Em breve nada poderá impedir o que planejam fazer.
Venham, desçamos e confundamos a língua que falam, para que não entendam mais uns aos outros".
Assim o Senhor os dispersou dali por toda a terra, e pararam de construir a cidade.
Por isso foi chamada Babel, porque ali o Senhor confundiu a língua de todo o mundo.
Dali o Senhor os espalhou por toda a terra. Gênesis 11:1-9 (NVI)

Segundo o Antigo Testamento (Gênesis 11:1-9), a torre foi construída na Babilônia pelos descendentes de Noé, com a intenção de eternizar seus nomes. A decisão era fazê-la tão alta que alcançasse o céu. Esta soberba provocou a ira de Deus que, para castigá-los, confundiu-lhes as línguas e os espalhou por toda a Terra.

Babel ou Bavel significa "porta de Deus". Hoje, entende-se esta história como uma tentativa dos povos antigos de explicarem a diversidade de idiomas. No entanto, ainda restam no sul da antiga Mesopotâmia ruínas de torres que se ajustam perfeitamente à torre de Babel descrita pela Bíblia.

É consenso entre pesquisadores que a civilização começou na Mesopotâmia, hoje Iraque, na região conhecida como Crescente Fértil. Ali, teriam sido inventadas a roda, a escrita e a agricultura.

EUROPA
ÁSIA
JAFET
Mar Negro
Mar Cáspio
Mar Mediterrâneo
CAM
SEM
CAM
SEM
SEM
ÁSIA
Golfo Pérsico
ÁFRICA
Mar Vermelho

Genealogia das Nações

Veremos a genealogia das nações através dos filhos de Noé: Sem, Cam, Jafé, que saíram da arca e repovoaram a terra e seus filhos que nasceram após o dilúvio.

JAFÉ: Povos Indo-Europeus ou Caucasianos

1. Gômer: Celtas, França, Inglaterra, Alemanha, Dinamarca
2. Magogue: Rússia (antigos, países da URSS)
3. Madai: Medos e Persas (Irariano)
4. Javã: Grécia, romanos, portugueses, franceses, italianos, espanhóis.
5. Tubal: Rússia (proximidades do Azerbaijão)
6. Meseque: Rússia
7. Tiras: Trácios, teutões, alemães, saxões, anglos, e deles os escandinavos, dinamarqueses, holandeses, ingleses, austríacos, checos, húngaros.

SEM: Povos Semitas, Israelitas

1. Elão: Elamitas (Irã)
2. Assur: Assírios (Iraque)
3. Arfadaxe: Caldeus (Iraque e Kuwait)
4. Lude: Lídia (Turquia)
5. Arã: Sírios ou Arameus (Síria)

CAM: Povos Africanos

1. Cuxe: Africanos — Etíopes (Sudão)
2. Mirzaim (Egito)
3. Pute: (Líbia)
4. Canaã: Cananeus (palestinos), os fenícios, hititas, jebuseus, amorreus, girgaseus, heveus, arqueus, sineus, arvadeus, zemareus e hamateus.

Origens dos Povos

Antigos habitantes

Depois do dilúvio, Noé profetizou acerca do destino e distribuição dos descendentes de seus três filhos: Sem, Cam e Jafé (Gn 9.25-27).

- Os jafetitas (Jafé) se dirigiram para o Ocidente, povoaram todas as ilhas do Mediterrâneo, a Europa e parte da Ásia. Hoje, estão espalhados pelos quatro cantos da terra, detendo a cultura mundial, desenvolvendo as artes, as indústrias e as ciências. Os descendentes de Cam se espalharam pela Etiópia, Egito, imediações do Mar Cáspio. Cuxe, filho mais velho de Cam, foi pai de Ninrode, chefe da primeira coligação de povos da Mesopotâmia.
- Canaã, o filho mais novo de Cam, foi pai dos cananeus, dos fenícios e de outros pequenos povos destruídos pelos semitas. Hete, um dos filhos de Canaã, deu origem aos heteus ou hititas, um império perdido cuja literatura decifrada esclareceu muitos pontos obscuros da antiga civilização.
- Os descendentes de Sem deram origem aos assírios, aos caldeus, aos hebreus, lídios, arameus.

Recintos Megalíticos de Minorca (Ilhas Baleares)

Habitantes da Palestina

Amonitas: eram aparentados com os israelitas por meio de Ló, e não se opuseram à sua marcha rumo à Terra Prometida.Atacaram-nos depois, no tempo dos juízes e do rei Saul. Davi tomou a capital dos amonitas, atual Amã, assumindo o controle do país. Salomão deixou-se influenciar pela religião dos amonitas e seguiu a Milcom, deusa do povo (1Rs 11:5). Após o exílio, o amonita Tobias interferiu na obra de Neemias (Ne 4:3).

Cananeus: estavam espalhados pelo território distribuído entre as tribos de Manassés, Efraim, Zebulom, Aser, Naftali e Dã. Nunca foram exterminados pelos israelitas (Jz 1:30-36; 3:1-6). Muitos séculos depois da ocupação da terra, são mencionados nas Escrituras, por ocasião do recenseamento feito por Davi (2Sm 24:7). Casaram-se com os israelitas (1Cr 2:3).

Edomitas: habitavam no Monte Seir (Gn 32:3). Eram, também, parentes chegados dos israelitas, descendentes de Esaú. Durante o êxodo, recusaram passagem pelo seu território (Nm 20:18-21). No período dos juízes, chegaram a invadir o território de Israel. Somente durante o reinado de Davi foram dominados. Mas durante o reinado de Salomão, ganharam a independência (2Sm 8:13,14; lRs 11:14-22). Salomão utilizava seu porto no Mar Vermelho, Eziom-Geber (Elate). Houve várias profecias contra eles (Is 63:1-6; Ez 25:12-14; Am 1:11,12; Ob 1; Ml 1:1-5).

Fenícios: uma das suas antigas cidades era Biblos, onde se desenvolvia grande comércio marítimo, por volta do século XVIII a.C. Nos dias de Salomão, a Fenícia fornecia madeira de lei, ouro e artesãos habilitados para a construção do templo e dos palácios em Jerusalém, além de marinheiros e navios para a frota real. Depois da divisão entre os reinos do Norte e do Sul, a Fenícia manteve a supremacia dos mares por muito tempo. O rei Acabe casou com a filha de um rei de Sidom e a religião fenícia entrou em Israel: adoração a deuses estranhos, como Baal (1Rs 16.29-34). Quando Elias teve de fugir para o estrangeiro, provavelmente dirigiu-se a Tiro, cidade considerada o empório do mundo. Em seu mercado, uma espécie de feira internacional de amostras, havia artigos de todas as partes do mundo (Ez 27). Jesus também visitou os lados de Tiro e Sidom e ali curou a filha da mulher sirofenícia. Também falou do julgamento final daquelas cidades (Mt 15.21-28; Mt 11.21,22). A antiga Fenícia corresponde ao atual Líbano.

Filisteus: o nome Palestina deriva-se de Filístia. No tempo dos juízes até os dias de Davi, os filisteus representavam uma ameaça a Israel. Seu território era dividido politicamente em cinco partes, cada uma com sua capital, sendo Asdod a capital federal da confederação. Parece que eram de linhagem semita e não grega, pois traziam as características e crenças religiosas dos semitas. O Antigo Testamento dá nomes semíticos aos deuses filisteus: Dagon, Baalzebub, Astarte.

Os filisteus foram os mais ferrenhos inimigos de Israel e nunca foram completamente vencidos, por causa do enfraquecimento moral e espiritual de Israel. Sansão foi um dos juízes que lutou contra eles. O gigante Golias, com quem se confrontou o jovem Davi, era filisteu.

Gibeonitas: também chamados de heveus, eram ainda conhecidos como amorreus, descendendo da mesma linhagem cananeia, isto é, do ramo camita. São inúmeros os acontecimentos históricos relacionados com Gibeão e referidos na Bíblia (Js 21:17; 2:12; 20:1-13; 1Rs 3:1-15; Ne 7:25).

Girgaseus: na Bíblia, são citados como um dos habitantes da Palestina por ocasião da conquista da terra (Gn 10:16; Dt 7:1). Provavelmente, ocupavam uma região à margem ocidental do Jordão, pois foi perto de Jericó que os israelitas os encontraram pela primeira vez (Js 24:11).

Jerusalém - Torre de Davi

Jerusalém está localizada nas Montanhas Judeias, entre o Mar Mediterrâneo e o norte do Mar Morto. A Jerusalém moderna tem crescido aos arredores da cidade antiga. A cidade tem uma história que data do IV milênio a.C., tornando-a uma das mais antigas do mundo. Jerusalém é a cidade santa dos judeus, cristãos e muçulmanos, e o centro espiritual desde o século X a.C.

Heteus ou hititas: habitantes da Palestina quando Abraão ali chegou (Gn 15:20,22). Ocupavam também a Ásia Menor, onde se encontram monumentos erguidos por eles. Eles também desenvolveram sua própria escrita hieroglífica. Não foram totalmente expulsos pelos israelitas, pois encontramos referências a eles no tempo de Davi. Urias era heteu (1Sm 26:6; 2Sm 11:3). Salomão casou-se com diversas princesas hititas para estender seu domínio e conservar a paz com o povo; depois do cativeiro ainda estavam lá (Ed 9:1). De 1500 a 700 a.C., desempenharam um papel importante na história da Ásia Menor e da Síria. O império hitita desapareceu sob os ataques dos “povos do mar” (filisteus).

Jebuseus: habitavam em Jerusalém e na região montanhosa que se chamava Jebus (Gn 15:21), pois seus colonizadores foram os filhos de Jebus. Era um povo muito forte e possuía, na vizinhança de Jerusalém, uma grande fortaleza, que só no tempo de Davi foi destruída (Jz 1:8; 15:8; 2Sm 5:6-16). Apesar de os israelitas terem dominado a região, os jebuseus não foram completamente dizimados. A área em que Salomão erigiu o templo foi comprada por Davi de um jebuseu (2Sm 24:18-26; 2Cr 3:1).

Monte Sinai

Midianitas: descendiam de Midiã, um dos dois filhos de Abraão com Quetura. Supõe-se que habitavam o deserto de Parã e a região do Sinai, pois antes de morrer Abraão separou os filhos de Quetura e os mandou para o Oriente (Gn 25:1-11). Dedicavam-se especialmente ao comércio e foram esses mercadores que venderam José para o Egito (Gn 37:25, 28, 36). Foi o último povo com o qual Moisés lutou antes de ser chamado por Deus (Nm 31:1,2). No período dos juízes, habitavam no lado oriental do Jordão. Chegaram a invadir a Israel e a praticar vários atos de vandalismo. Foi por esse tempo que surgiu Gideão com seus 300 valentes e desbaratou o numeroso acampamento midianita. Depois da estrondosa vitória de Gideão, não voltaram a invadir o território de Israel (Is 9:4; Sl 83:9).

Moabitas: ocupavam a região de Moabe, lado ocidental do Mar Morto. Eram descendentes de Ló (Gn 19:37) e parentes dos israelitas. Talvez, por causa deste parentesco, Moisés não quis guerrear contra eles, quando passavam pelo deserto (Dt 2:9). Alarmados com a aproximação dos israelitas, Balaque, rei de Moabe, mandou chamar a Balaão para maldizer os filhos de Israel (Nm 22:2-6). Por causa disso, os israelitas não permitiram sua entrada na congregação, mesmo depois da décima geração (Dt 23:3-6). A história de Noemi e Rute, a moabita, revela a amizade que havia entre os dois povos, apesar das lutas e desentendimentos (Rt 1:1-18). No tempo de Davi, pagaram-lhe tributos.

Perizeus ou ferezeus: habitavam nos lugares montanhosos (1s 11:3). Suas cidades não eram muradas e sua principal atividade era a agricultura. Estavam espalhados entre os cananeus, entretanto, as regiões que ocupavam não são bem definidas pelas informações disponíveis (Gn 13:7; 34:30). Quando os israelitas voltaram do cativeiro, ainda havia perizeus na terra (Ed 9:1; Ne 9:8).

Queneus: era um povo nômade, habitava na região do Sinai e tinha parentesco com os amalequitas. Mantinha amizade com Israel, possivelmente pela afinidade que tinham, pois Jetro, sogro de Moisés, era queneu. No tempo dos juízes chegaram a fixar residência em Gadesh, perto de Meron (Jz 4:11; Nm 10:29). Quando Saul guerreou contra os amalequitas, avisou aos queneus que se retirassem do meio deles, o que evidencia a amizade existente (1Sm 15:6). Durante o reinado de Davi, havia um grupo deles ao sul de Judá (1Sm 27:10; 30:29).

A viagem de Abraão de UR até Canaã

Ur era a capital da Mesopotâmia no tempo de Abraão. Era a maior cidade de comércio naquela época (de acordo com os arqueólogos). A distância entre Ur e o Egito é de aproximadamente 1.269 quilômetros. Abraão não deve ter viajado através do deserto, mas seguido a estrada banhada por águas. Deve ter viajado na direção noroeste ao longo do rio Eufrates ou do Tigre até Harã, depois na direção sudoeste até Siquém à margem dos rios Orontes e Jordão. Isso quer dizer que Abraão viajou cerca de 1.820 quilômetros, de Ur até Siquém. O grande carvalho de Moré, em Siquém, era um marco famoso. Naquela época, muitas árvores eram consideradas sagradas na Palestina e esse grande carvalho era uma delas. Era um objeto e um lugar de adoração entre os antigos semitas. A caravana que viajava era bastante grande. Abraão tinha pelo menos 318 servos. (Gênesis 14:14.)

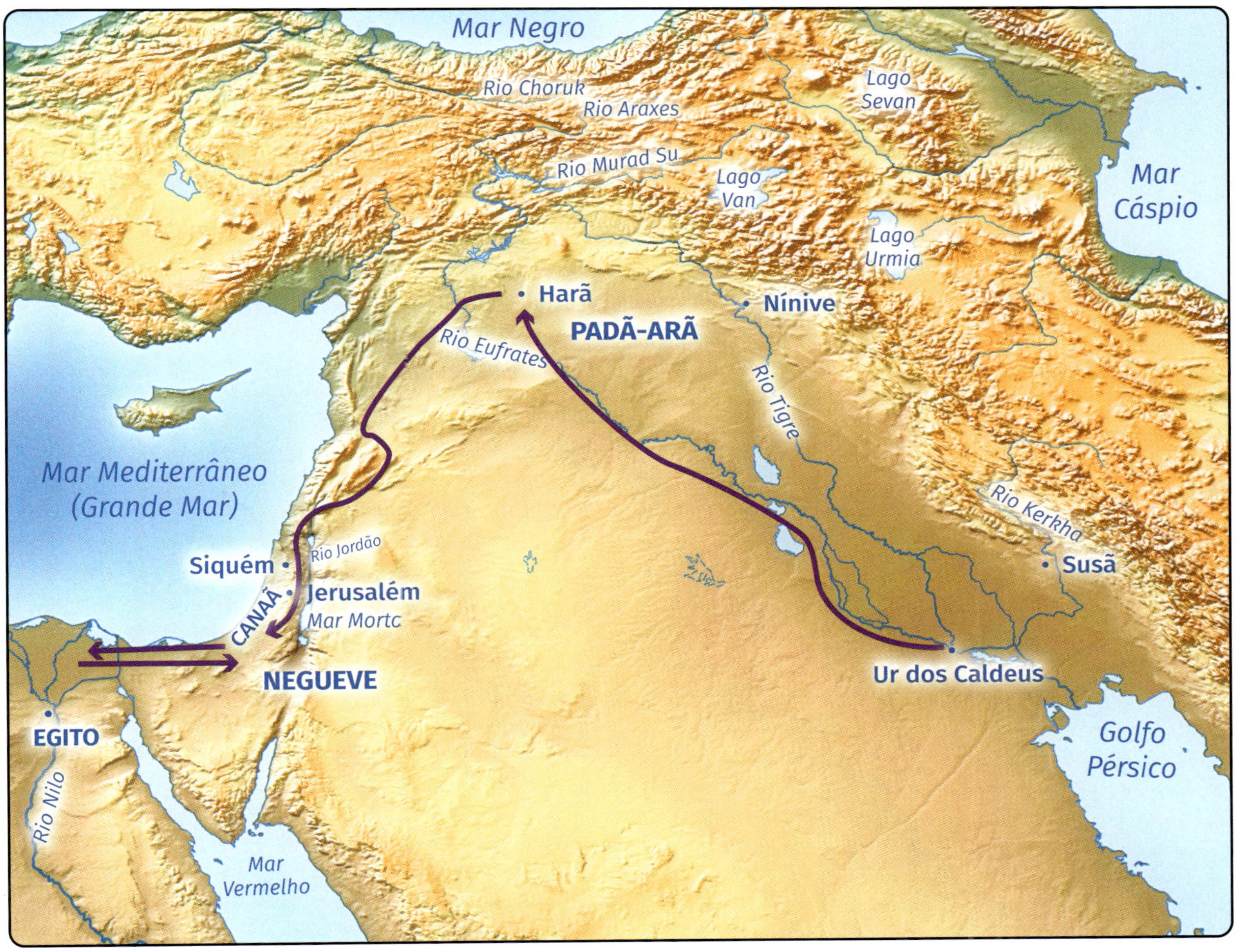

Viagem de Abraão para o Egito

Houve fome naquela terra, e Abraão desceu ao Egito para ali viver algum tempo, pois a fome era rigorosa. Gênesis 12:10 (NVI). Devido à escassez de alimentos foi buscar ajuda no Egito, depois de sua viagem a Canaã. Sua esposa Sarai (depois chamada Sara) chamou a atenção do Faraó.

Localidades percorridas por Abraão ao longo dos seus 175 anos de vida:

- Ur dos Caldeus (Gn 11:31);
- Harã (Gn 12:4);
- Siquém (Gn 12:6);
- Betel (Gn 12:8);
- Entre Ai e Betel (Gn 12:8);
- Deserto do Neguev (Gn 12:9);
- Egito (Gn 12:10);
- Deserto do Neguev / Berseba (Gn 13:1);
- Betel (Gn 13:3);
- Entre Ai e Betel (Gn 13:3);
- Hebrom — Carvalhais de Manre (Gn 13:18);
- Gerar (Gn 20:1);
- Berseba (Gn 20:21,31-33);
- Quiriate-Arba — Hebrom (Gn 23.1).

Cronologia da vida de Abraão

- Abraão nasceu aproximadamente em 1950 a.C.;
- Aos 75 anos, Deus chama Abraão em Ur (Gênesis 12:1-4 ; 15:7);
- Aos 85 anos, Abraão relaciona-se sexualmente com Agar (Gênesis 16:3);
- Aos 86 anos, nasce Ismael (Gênesis 16:4);
- Aos 99 anos, promessa que Sara teria um filho (Gênesis 17:1-19);
- Aos 100 anos, nasce Isaque (Gênesis 21:1-3,5);
- Aos 105 anos, Isaque é desmamado Abraão despede Ismael e Agar (Gênesis 21:8-14);
- Aos 127 anos, Sara morre (Gênesis 23:1,2);
- Aos 175 anos Abraão morre (Gênesis 25:7,8).

O mundo dos patriarcas

Jornada de José ao Egito

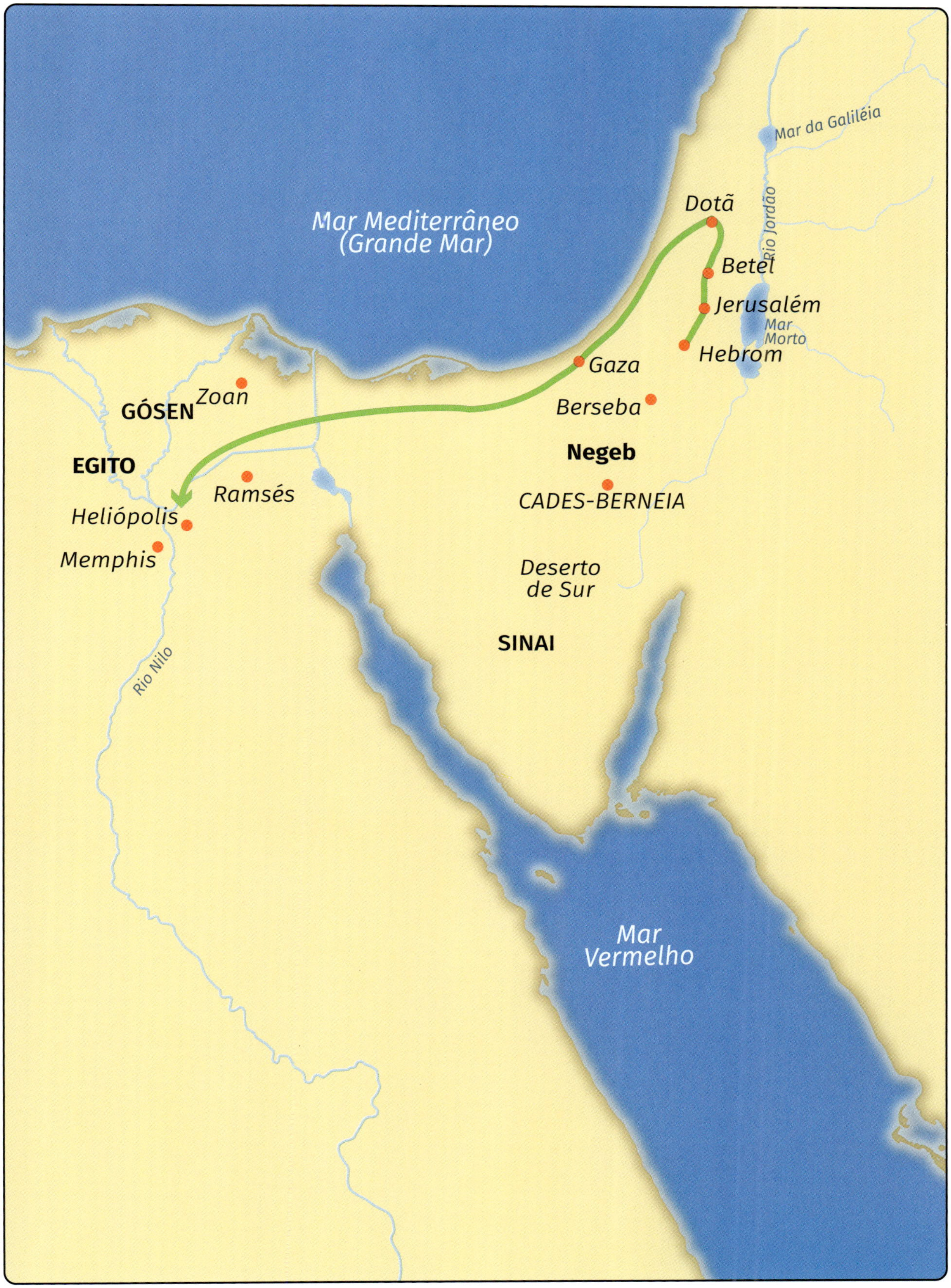

Rota do Êxodo

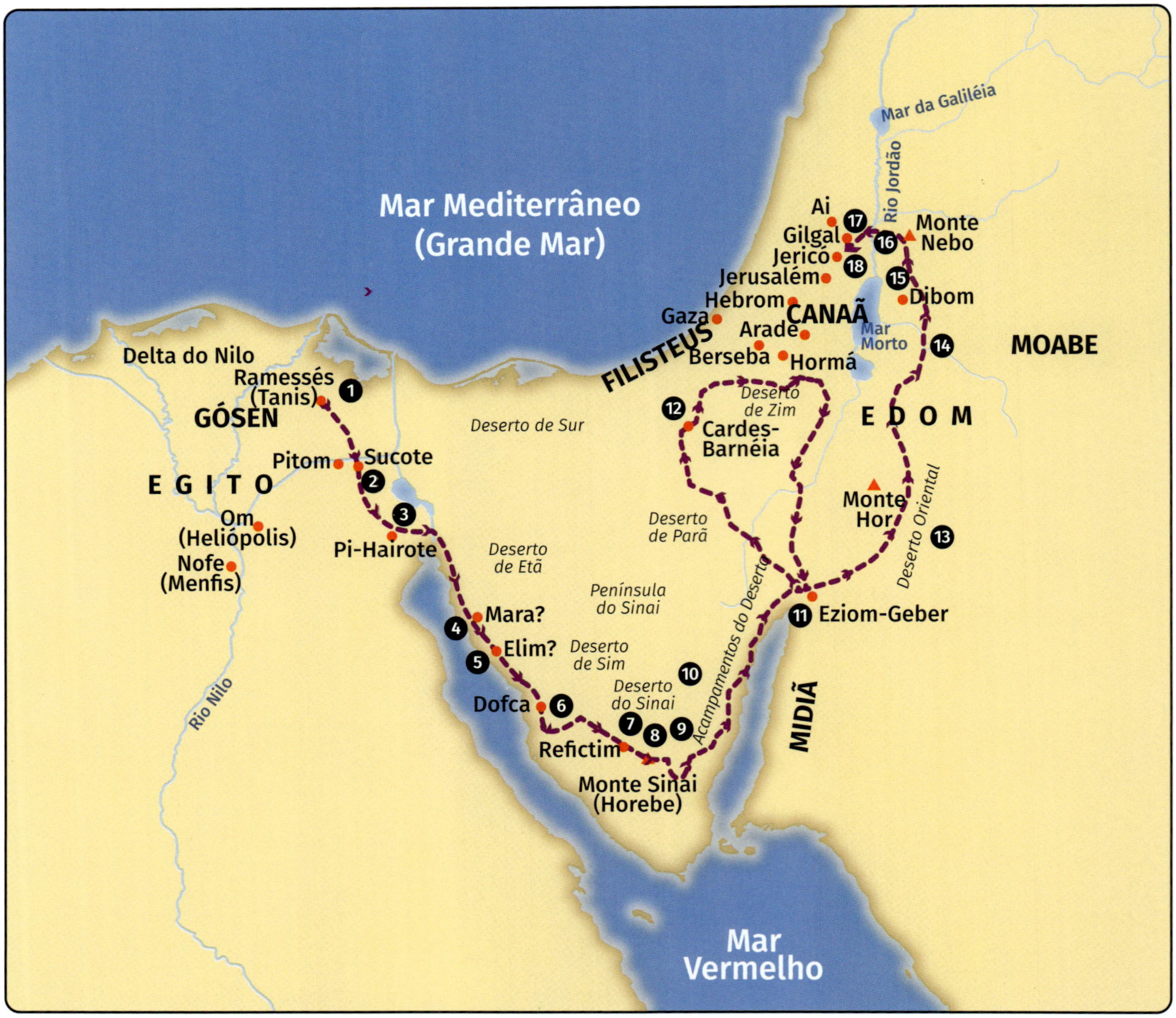

O Êxodo aconteceu em meados do século XV a.C.

ESTÁ NA BÍBLIA

"Pois agora o clamor dos israelitas chegou a mim, e tenho visto como os egípcios os oprimem. Vá, pois, agora; eu o envio ao faraó para tirar do Egito o meu povo, os israelitas". Êxodo 3:9-10 (NVI)

Quando o faraó deixou sair o povo, Deus não o guiou pela rota da terra dos filisteus, embora este fosse o caminho mais curto, pois disse: "Se eles se defrontarem com a guerra, talvez se arrependam e voltem para o Egito". Assim, o Senhor fez o povo dar a volta pelo deserto, seguindo o caminho que leva ao Mar Vermelho. Os israelitas saíram do Egito preparados para lutar. Êxodo 13:17-18 (NVI)

Legenda do Mapa

- Ramessés: Israel foi tirada do Egito (Êx. 12; Núm. 33:5).
- Sucote: Depois que os hebreus deixaram esse primeiro acampamento, o Senhor ia adiante deles, de dia numa coluna de nuvem, e de noite numa coluna de fogo (Êx. 13:20–22).
- Pi-Hairote: Israel atravessou o Mar Vermelho (Êx. 14; Núm. 33:8).
- Mara: O Senhor fez com que as águas de Mara se tornassem doces (Êx. 15:23–26).
- Elim Israel acampou ao lado de 12 fontes de água (Êx. 15:27).
- Deserto de Sim: O Senhor enviou maná e codornizes para alimentar Israel (Êx. 16).
- Refidim: Israel pelejou contra Amaleque (Êx. 17:8–16).
- Monte Sinai (Monte Horebe): O Senhor revelou os Dez Mandamentos (Êx. 19–20).
- Deserto do Sinai: Israel construiu o tabernáculo (Êx. 25-30).
- Acampamentos no Deserto: Setenta anciãos foram chamados para ajudar Moisés a governar o povo (Núm. 11:16-17).
- Eziom-Geber: Israel atravessou as terras de Esaú e de Amom em paz (Deut. 2).
- Cades-Barneia Moisés envia espiões para a terra prometida; Israel rebelou-se e foi impedido de entrar na terra; Cades serviu como o acampamento principal de Israel durante muitos anos (Núm. 13:1-3, 17-33; 14; 32:8; Deut. 2:14).
- Deserto Oriental: Israel evitou o conflito com Edom e Moabe (Núm. 20:14–21; 22-24).
- Ribeiro de Arnom: Israel destruiu os amorreus que lutaram contra eles (Deut. 2:24-37).
- Monte Nebo: Moisés viu a terra prometida (Deut. 34:1-4). Moisés fez seus três últimos sermões (Deut. 1-32).
- Campinas de Moabe: O Senhor disse a Israel que fizesse a divisão da terra e que expulsasse os habitantes (Núm. 33:50-56).
- Rio Jordão: Israel atravessou o Rio Jordão a seco. Próximo a Gilgal, pedras tiradas do fundo do Rio Jordão foram reunidas em um memorial da divisão das águas do Jordão (Jos. 3-5:1).
- Jericó: Os filhos de Israel capturaram e destruíram a cidade (Jos. 6).

Os patriarcas na terra prometida

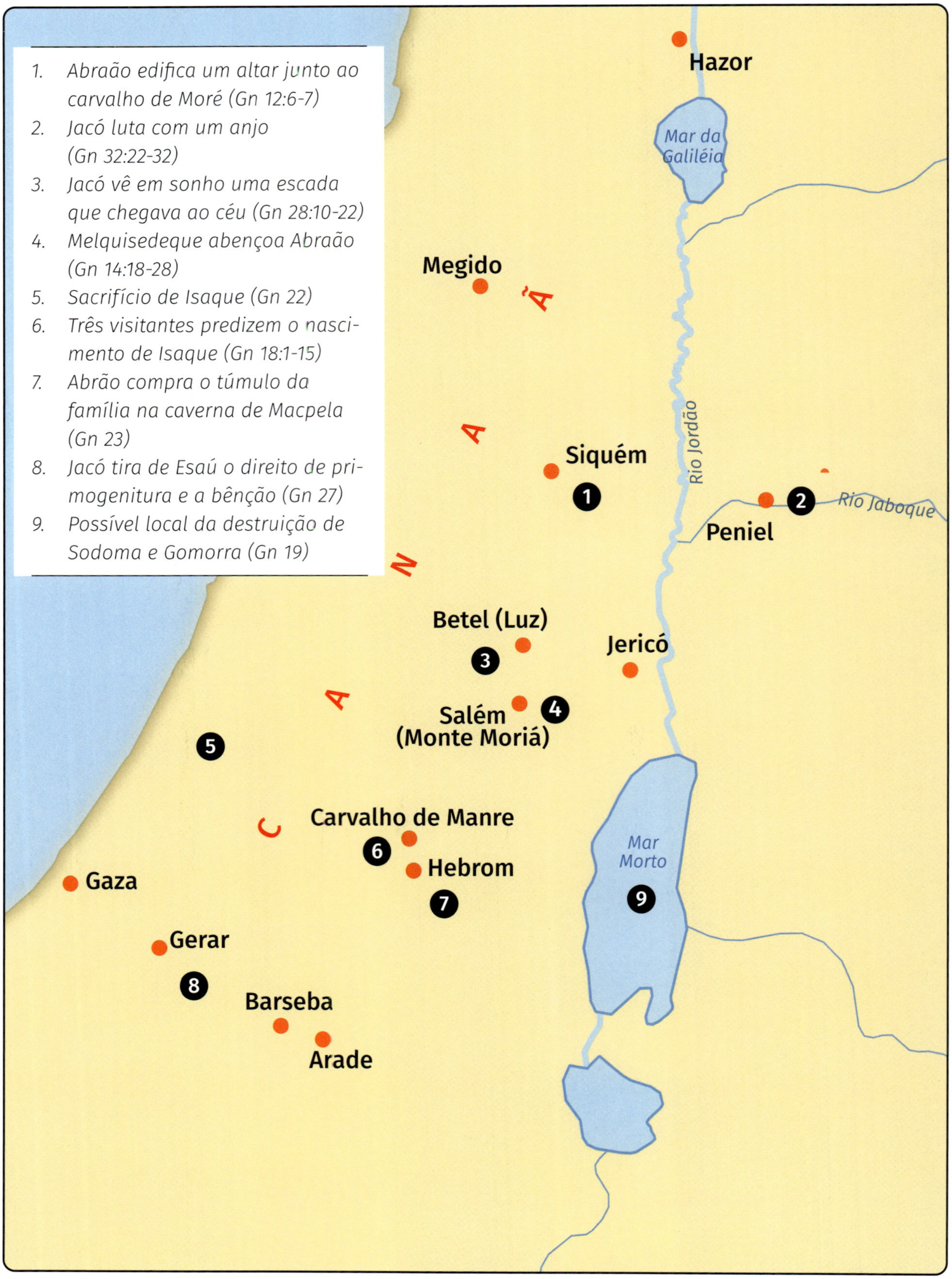

Divisão das doze tribos de Israel em Canaã

As doze tribos de Israel

Depois da entrada de Israel em Canaã (Terra Prometida), liderados por Josué, as 12 doze tribos de Israel, os doze filhos de Jacó, ocuparam o território conforme o mapa.

Antes de falecer, Jacó pronuncia bênçãos sobre cada uma das tribos (Gênesis 49:1-28) e Moisés (Deut. 33) faz o mesmo também.

Campanhas militares foram feitas contra as cidades de Gaza, Asquelon e Ecrom. Judá nunca chegou a dominar pela herança prometida por Deus.

Os escravos cananeus se tornaram um problema (espinhos nos olhos) conforme Números 33:55.

A forma de governo de Israel era a Teocracia (Deus governava) mas na época do profeta Samuel o povo pede um Rei para imitar os povos pagãos ao redor. Os israelitas estavam com esta atitude rejeitando o governo divino. O primeiro escolhido foi Saul, o segundo Davi e depois seu filho Salomão que construiu o Templo conhecido como o "Templo de Salomão". Este templo foi destruído pelos Babilônicos em 586 a.C. incendiando o templo.

Quando Davi subiu ao trono realizou várias campanhas militares conquistando o território estrangeiro e levando a arca da aliança para Jerusalém.

Reino unido

Rio Eufrates
Tifsa
Hamate
FENÍCIOS
ARÃ-DAMASCO
Sidom
Damasco
Mar Mediterrâneo
Tiro
Dã
Hazor
BASÃ
Mar da Galiléia
DESERTO SÍRIO
Megido
Dor
Ramode-Gileade
Bete-Seã
Rio Jordão
Siló
Rabá
FILISTEUS
AMOM
Asdode
Jerusalém
Ascalom
Belém
Gaza
Gate
Mar Morto
Hebrom
MOABE
Barseba
Reino de Saul
Conquistas de Davi
Sob o controle econômico de Salomão
Cades-Barneia
EDOM
Eziom-Geber
SINAI

O reino dividido

Depois do reinado de Saul (1050 a 1011 a.C.) de Davi (1010 a 970 a.C.), Salomão (970 a 930 a.C.). Após a morte deste em 930 a.C. o Reino antes unido se divide em dois:

1) Israel (Norte) centralizado em Samaria. Primeiro rei após a separação: Jeroboão. Governado por uma sucessão de dinastias de curta duração. Houve a queda de Samaria em 722 a.C.

2) Judá (Sul) centralizado em Jerusalém. Primeiro rei após a separação: Roboão. Governado por uma dinastia ininterrupta de descendentes de Davi. Houve a queda de Jerusalém em 586 a.C.

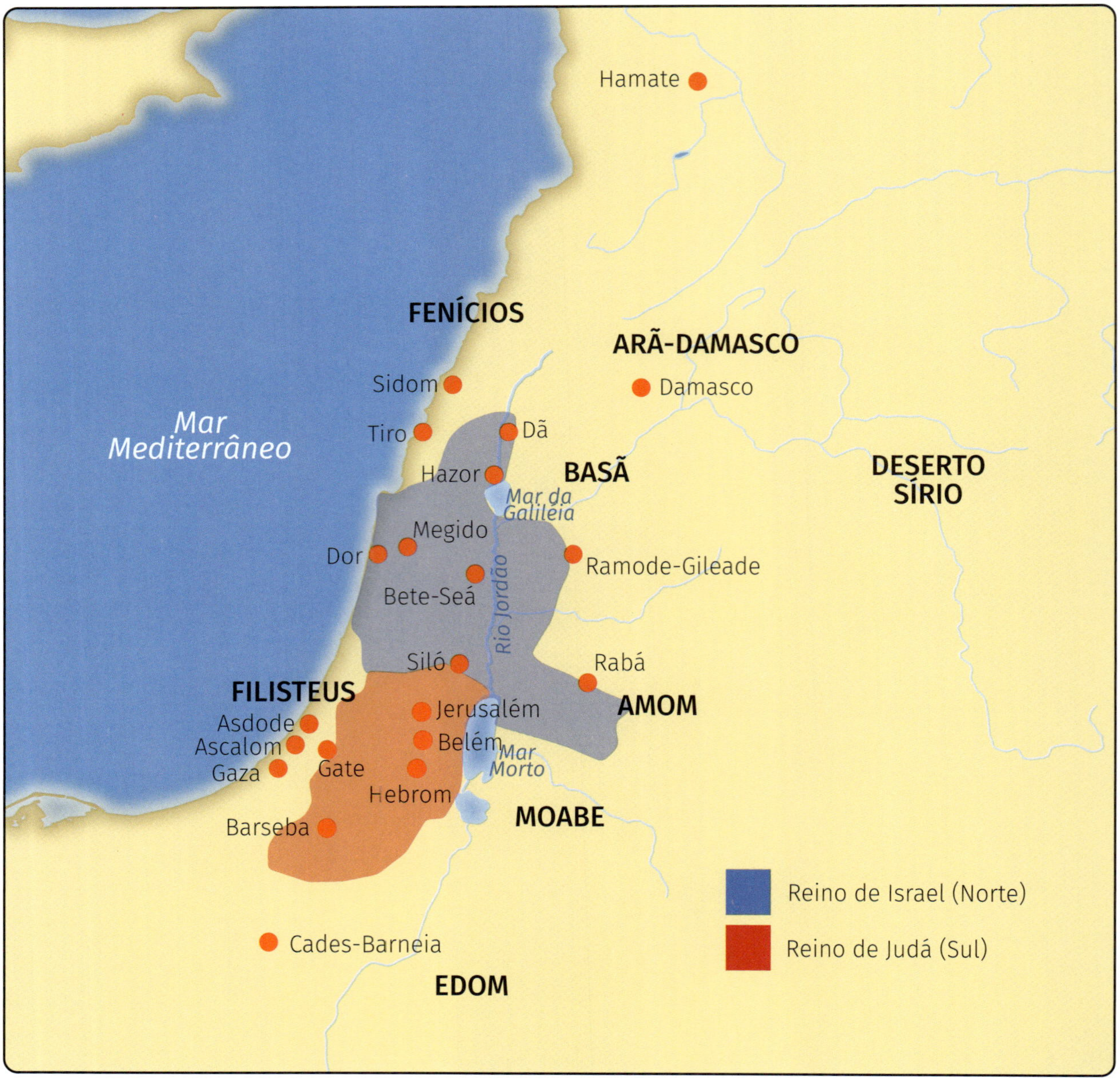

Império Assírio

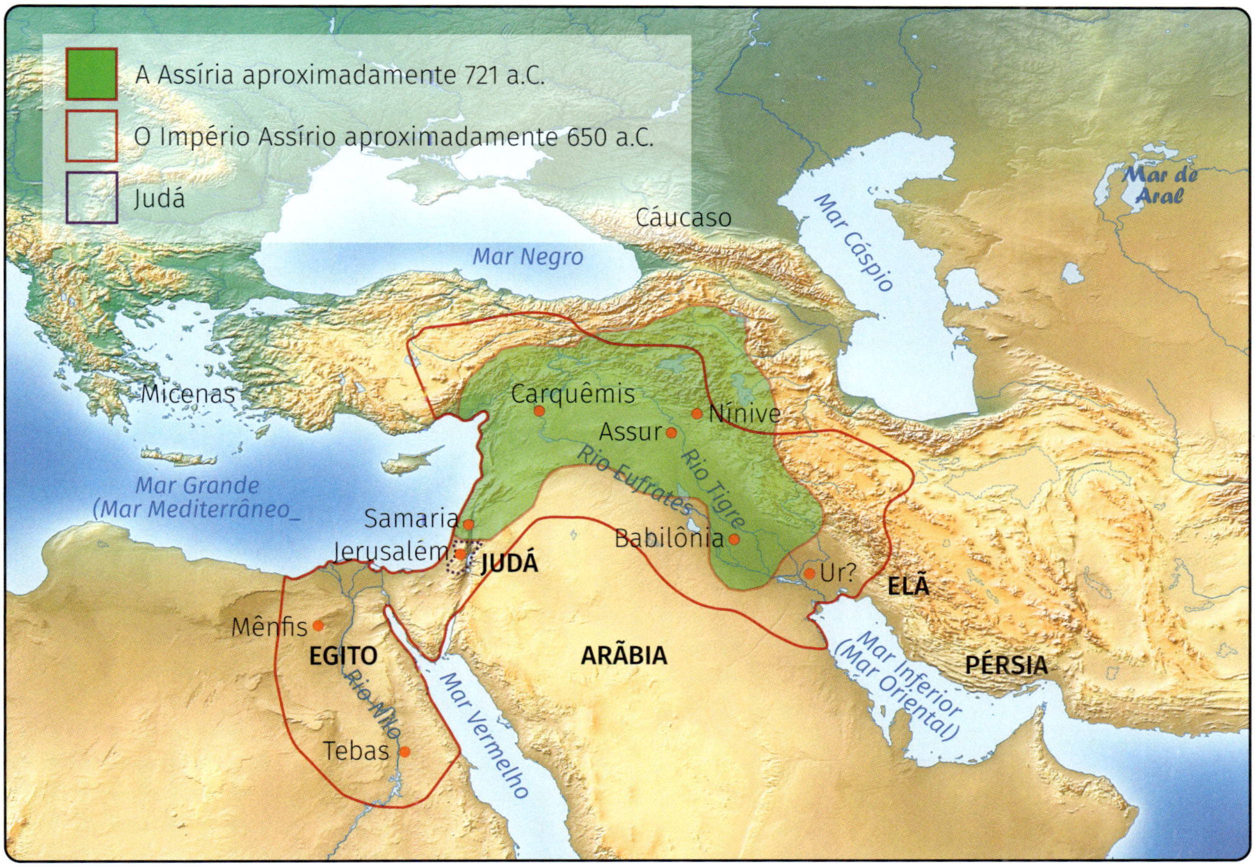

O povo assírio viveu na antiga Mesopotâmia, região compreendida entre os rios Tigre e Eufrates. Sua capital, nos anos mais prósperos, foi Nínive, uma região que hoje pertence ao Iraque. O Império assírio abrange o período de 1700 a 610 a.C. , mais de mil anos. Os assírios eram ferozes guerreiros e usavam sua grande força militar para expandir seu império. Libertando-se dos sumérios, conquistaram grande parte do seu território, mas logo caíram em poder dos babilônios, um povo que morava ao Sul da Mesopotâmia. Em 1240 a.C, empreenderam a conquista da Babilônia, e a partir daí começaram a alargar as fronteiras do seu império até atingirem o Egito, no norte da África. O Império Assírio conheceu seu período de maior glória e prosperidade durante o reinado de Assurbanipal (até 630 a.C). Cobravam pesados impostos dos povos vencidos, o que os levava a revoltarem-se continuamente. Ainda no reinado de Assurbanipal, os babilônios se libertaram (em 626 a.C.) e capturaram Nínive. Com a morte de Assurbanipal, a decadência do Império Assírio se acentuou, e em 610 a.C. a última de suas cidades caiu em poder dos invasores. A escrita dos assírios constituía-se de pequenas cunhas feitas com um estilete em tabuletas de argila — é a chamada escrita cuneiforme. Descobriram-se milhares de tabuletas na biblioteca de Assurbanipal em Nínive, conhecendo-se grande parte da história do Império Assírio a partir de sua leitura.

Império Persa

Quem foram?

Os persas formaram uma importante civilização na antiguidade oriental, ocupando a região da Pérsia (atualmente Irã, Iraque e Turquia). Este povo dedicou-se às atividades comerciais, fazendo do comércio a principal fonte de desenvolvimento econômico.

O poder no Império Persa

A política no estado persa era toda dominada e feita pelo imperador (rei), soberano absoluto que mandava e controlava tudo e todos. O rei era considerado uma espécie de deus na Terra. Desta forma, o poder era considerado de direito divino.

Ciro, o grande Imperador Persa

Ciro, o Grande, foi um dos mais importantes imperadores dos medos e persas. Durante seu reinado (560 a.C - 529 a.C), os persas dominaram e conquistaram vários territórios, quase sempre através de guerras. No ano de 539 a.C, conquistou a Babilônia, ampliando o império persa de Helesponto até as fronteiras da atual Índia.

Outros imperadores persas de destaque: Xerxes I e Dario, o Grande.

Religião persa

A religião persa era dualista (existência do bem e mal) e tinha o nome de Zoroastrismo ou Masdeísmo. Esta religião foi criada em homenagem a Zoroastro ou Zaratrusta, o grande profeta e líder espiritual que criou a religião.

Império Babilônico

Muitos historiadores afirmam que a Babilônia é um dos berços das civilizações, pois é uma das sociedades mais antigas que conhecemos. Situada na região da Mesopotâmia (entre os rios Tigre e Eufrates) apresentou um grande desenvolvimento social, econômico, político e cultural. Achados arqueológicos apontam para a existência da sociedade babilônica há mais de cinco mil anos.

Após a morte de Hamurábi, a Babilônia perdeu força e foi invadida e conquistada por diversas tribos da região. Voltou a ganhar poder e importância somente no século VI AC, durante o reinado de Nabucodonosor. Este rei retomou as conquistas e ampliou as áreas de domínio e influência. Ordenou a construção de muralhas em volta da cidade. Dentro das muralhas foram construídos diversos templos e palácios luxuosos, decorados com pinturas e jardins. Para sua esposa, Nabucodonosor ordenou a construção dos famosos Jardins Suspensos da Babilônia (uma das sete maravilhas do mundo antigo).

Após este governo, os domínios babilônicos foram conquistados pelos persas, que eram comandados pela batuta política e militar do rei Ciro I.

Império Grego

A História do Império Macedônico inicia-se com Filipe II em 359 a.C.. Após tornar-se Rei, Filipe distribuiu as terras pertencentes à aristocracia para os camponeses. Foi criado um governo centralizado, forte militarmente e capaz de competir de igual para igual contra os povos da Grécia que os tachavam de Bárbaros.

Quando o império macedônico foi conquistado, percebemos que vários elementos da cultura grega influenciaram o desenvolvimento político, social e econômico do Império Romano. Mais uma vez, a cultura grega consolidava-se como elemento formativo de um novo conjunto de ideias e valores historicamente preservados e portadores de referenciais que balizam a compreensão da cultura ocidental atual.

Os principais generais macedônicos dividiram o império, formando reinos particulares na Ásia, no Egito e na Pérsia. Inicia-se assim o Período Helenístico, onde a cultura grega fundiu-se com os costumes dos povos do Oriente.

Império Romano nos tempos de Cristo

Em 499 a.C. , Roma já era a principal cidade da região. Em 63 a.C. Roma torna a Síria uma província romana. Jerusalem é tomada após um cerco, que matou sacerdotes e entrou nos Santos dos Santos do Santuário (Santíssimo). Este Império representa as pernas de Ferro do sonho de Nabucodonozor (Daniel 2), que seria forte como o ferro e que despedaçaria os outros reinos. Foi uma relato exato do que o poderio militar romano fez. Quando Jesus nasceu, praticamente toda a costa do Mediterrâneo estava sob o domínio romano. Com o passar dos anos, o Império entrou em declínio e passou a sofrer nas mãos das tribos bárbaras de fora. Roma foi tomada por Alarico em 410 d.C. e Constantinopla passou a ser a capital do Império Bizantino. Após a queda de Roma, os cristãos foram consolados com o relato de Daniel 2:44: "Mas, nos dias desses reis, o Deus do céu levantará um reino que não será jamais destruído; e este reino não passará a outro povo; esmiuçará e consumirá todos esses reinos, mas ele mesmo subsistirá para sempre". Daniel 2:44 representa a volta de Jesus e seu reino eterno.

Jesus nasceu no reinado de Herodes, o Grande, e ele é a figura central de toda a Bíblia. No antigo testamento, encontramos mais de 300 profecias messiânicas (sobre o Messias – Jesus) tais como: como iria morrer, onde nasceria, que seus ossos não seriam quebrados, a maneira como seria concebido e no Novo Testamento vemos o cumprimento de todas elas.

Viveu entre os homens como nenhum outro jamais viveu, morreu a morte cruel por crucifixão e por fim ressuscitou.

Jesus prometeu voltar a esta Terra, há nada menos do que 2.500 referências diretas ou indiretas em toda a Bíblia sobre a sua breve volta a esta Terra.

Cidade na época de Jesus
Áreas muradas posteriormente
Estrada para Samaria
Bezeta (Cidade Nova)
Gólgota
1
2
Jardim do Sepulcro
Porta dos Peixes
Fortaleza Antonia
3
Tanque de Belesda
4
Tanque de Israekl
Porta de Susã
Porta das Ovelhas
6
TEMPLO
5
7
Alpendre de Salomão
Pórtico Real
Ponte
9
Portico Real
8
Pináculo do Templo
Escadaria do Templo
Jardim do Getsêmani
10
11
Monte das Oliveiras
Estrada para Betânia e Jericó
Vale do Cedron
Estrada para Emaús e Jope
18
Tanque da Torre
Palácio Asmoneu
Palácio de Herodes
17
Cidade Alta
Aqueduto
Tanque da Serpente
Manancial de Giom
12
Túnel de Ezequias
Casa de Caifás
15
Cenáculo
16
Cidade Baixa
Tanque de Siloé
Porta das Águas
13
Vale de Hinom
14
Fonte de En-Rogel
Estrada para Belém e Hebrom
Estrada para o Mar Morto

Jerusalém na época de Cristo

Legenda do mapa

1 Gólgota: Um possível local da crucificação de Jesus (Mt. 27:33-37).

2 Horto do Sepulcro: Jesus foi enterrado (João 19:38-42). O Cristo ressuscitado apareceu à Maria Madalena no horto (João 20:1-17).

3 Fortaleza Antonia: Jesus pode ter sido acusado, condenado, ridicularizado e chicoteado nesse local (João 18:28-19:16). Paulo foi preso e recontou a história de sua conversão (Atos 21:31-22:21).

4 Tanque de Betesda: Jesus curou um inválido no sábado (João 5:2-9).

5 Templo Gabriel: prometeu a Zacarias que Isabel teria um filho (Lc. 1:5–25). O véu do templo se rasgou quando o Salvador morreu (Mt. 27:51).

6 Alpendre de Salomão: Jesus proclamou que Ele era o Filho de Deus. Os judeus tentaram apedrejá-lo (João 10:22-39). Pedro pregou o arrependimento depois de curar um coxo (Atos 3:11-26).

7 Porta Formosa: Pedro e João curaram um coxo (Atos 3:1-10).

8 Pináculo do Templo: Jesus foi tentado por Satanás (Mt. 4:5-7). (Há dois locais tradicionais onde esse evento pode ter ocorrido.)

9 Monte Sagrado (locais não específicos)

a. As pessoas tradicionalmente acreditam que ali Abraão construiu um altar para o sacrifício de Isaque (Gên. 22:9-14).
b. Salomão construiu o templo (I Reis 6:1–10; II Crôn. 3:1).
c. Os babilônios destruíram o templo em cerca de 587 a.C. (II Reis 25:8-9)
d. Zorobabel reconstruiu o templo em cerca de 515 a.C. (Esd. 3:8-10; 5:2; 6:14-16).
e. Herodes expandiu a praça do templo e começou a reconstruir o templo em 17 a.C. Jesus foi apresentado no templo quando bebê (Lc. 2:22-39).
f. Aos 12 anos, Jesus ensinou no templo (Lc. 2:41-50).
g. Jesus purificou o templo (Mt. 21:12–16; João 2:13-17).
h. Jesus ensinou no templo em diversas ocasiões (Mt. 21:23-23;39; João 7:14-8:59).
i. Os romanos, sob o governo de Tito, destruíram o templo, em 70 d.C.

10 Jardim do Getsêmani: Jesus sofreu, foi traído e foi preso (Mt. 26:36-46; Lc. 22:39–54).

11 Monte das Oliveiras

a. Jesus predisse a destruição de Jerusalém e do templo. Ele também falou da Segunda Vinda (Mt. 24:3-25:46; ver também JS-M).
b. Desse lugar Jesus ascendeu ao céu (Atos 1:9-12).
c. Em 24 de outubro de 1841, o Élder Orson Hyde dedicou a Terra Santa para o retorno dos filhos de Abraão.

12 Fonte de Giom: Salomão foi ungido rei (I Reis 1:38-39). Ezequias cavou um túnel para trazer água da fonte para a cidade (II Crôn. 32:30).

13 Porta das Águas: Esdras leu e interpretou a lei de Moisés ao povo (Nee. 8:1-8)

14 Vale de Hinom: O falso deus Moloque era adorado, o que incluía sacrifício de crianças (II Reis 23:10; II Crôn. 28:3).

15 Casa de Caifás: Jesus foi levado perante Caifás (Mt. 26:57-68). Pedro negou que conhecia Jesus (Mt. 26:69-75).

16 Cenáculo: A localização tradicional onde Jesus participou da refeição da Páscoa e instituiu o sacramento (Mt. 26:20-30). Ele lavou os pés dos doze (João 13:4-17) e ensinou-os (João 13:18-17:26).

17 Palácio de Herodes: Cristo foi levado perante Herodes, possivelmente nesse local (Lc. 23:7-11).

18 Jerusalém (locais não específicos)

a. Melquisedeque reinou como rei de Salém (Gên. 14:18).
b. O rei Davi capturou a cidade dos jebuseus (II Sam. 5:7; I Crôn. 11:4-7).
c. A cidade foi destruída pelos babilônios em cerca de 587 a.C. (II Reis 25:1-11).
d. O Espírito Santo desceu sobre muitas pessoas no dia de Pentecostes (Atos 2:1-4).
e. Pedro e João foram aprisionados e levados perante o conselho (Atos 4:1-23).
f. Ananias e Safira mentiram para o Senhor e morreram (Atos 5:1-10).
g. Pedro e João foram aprisionados, mas um anjo livrou-os da prisão (Atos 5:17-20).
h. Os Apóstolos escolheram sete homens para auxiliá-los (Atos 6:1-6).
i. O testemunho de Estevão aos judeus foi rejeitado e ele foi apedrejado até à morte (Atos 6:8-7:60).
j. Tiago foi assassinado (Atos 12:1-2).
k. Um anjo libertou Pedro da prisão (Atos 12:5-11).
l. Os Apóstolos tomaram uma decisão quanto à circuncisão (Atos 15:5-29).
m. Os romanos, sob o governo de Tito, destruíram a cidade, em 70 d.C.

O nome Salém (Heb. Shalem), que surge duas vezes no VT (Gn 14:18; Sl 76:2), é provavelmente a forma abreviada do nome completo. É também por este nome que é mencionada nas tabuinhas cuneiformes de Tell Mardikh, a antiga Ebla (Síria) do final do 3º milênio AC. A cidade era conhecida pelo nome de Jebus no período dos juízes (Jz 19:10, 11) e até o momento em que David a tomou (1Cr 11:4, 5). Isto aconteceu porque os seus habitantes eram chamados jebuseus. Este nome não está confirmado fora da Bíblia. O seu nome árabe atual é el-Quds, "aquela que é santa", mas para todos aqueles que não são árabes - judeus, cristãos e outros - ainda é conhecida por Jerusalém.

Localização

A cidade fortificada de Jerusalém situa-se entre dois vales principais: o Cedrom a este e o Hinom a oeste e a sul. O planalto entre os dois vales onde a cidade está construída está ligado ao planalto da Judeia, ao norte.

Depois que Davi foi coroado rei sobre todas as tribos de Israel, ele decidiu transferir a sua capital da importante cidade judaica de Hebrom para um local neutro. Escolheu, então, Jerusalém, que se situava na fronteira entre Judá e Benjamim mas que não pertencia a nenhuma destas tribos.

Jerusalém é sagrada para os judeus desde que o Rei Davi a proclamou como sua capital no 10º século a.C. Jerusalém foi o local do Templo de Salomão e do Segundo Templo. Ela é mencionada na Bíblia 632 vezes. Hoje, o Muro das Lamentações, um remanescente do muro que contornava o Segundo Templo, é o segundo local sagrado para os judeus perdendo apenas para o Santo dos santos no próprio Monte do Templo. Sinagogas ao redor do mundo são tradicionalmente construídas com o seu Aron Hakodesh voltado para Jerusalém, e as dentro de Jerusalém voltados para o Santo dos santos.

Palestina no Novo Testamento

JUDEIA **SAMARIA** **IDUMEIA**	*Território governado por um prefeito ou procurador (Exemplo: Pôncio Pilatos)*
GALILEIA **PEREIA**	*Herodes Antipas (filho de Herodes)*
TRACONÍTIS **BETÂNIA** **AURANÍTIS**	*Filipe (filho de Herodes)*
DECÁPOLIS **FILISTÍA**	*(Cidade-Estado)*
FENÍCIA	*Domínio romano especial*

Palestina que dizer "Terra de Forasteiros"

A Palestina é uma estreita área situada entre a África e a Ásia, funcionando como uma espécie de ponte entre estas regiões. Com um território menor que o nosso estado do Espírito Santo, possuía uma superfície de 34.000 Km² e cerca de 650 mil habitantes. Encontrava-se dividida em áreas menores: Judeia, Samaria e Galileia, à oeste; Itureia, ao norte; Gualanítade, Bataneia, Traconítide, Auranítide, Decápole e Pereia, à leste e Iduméia ao sul. Vamos nos centrar nas regiões situadas à oeste, já que a maior parte dos fatos referentes à vida de Jesus ocorreram neste cenário.

Passos de Jesus no ano da inauguração

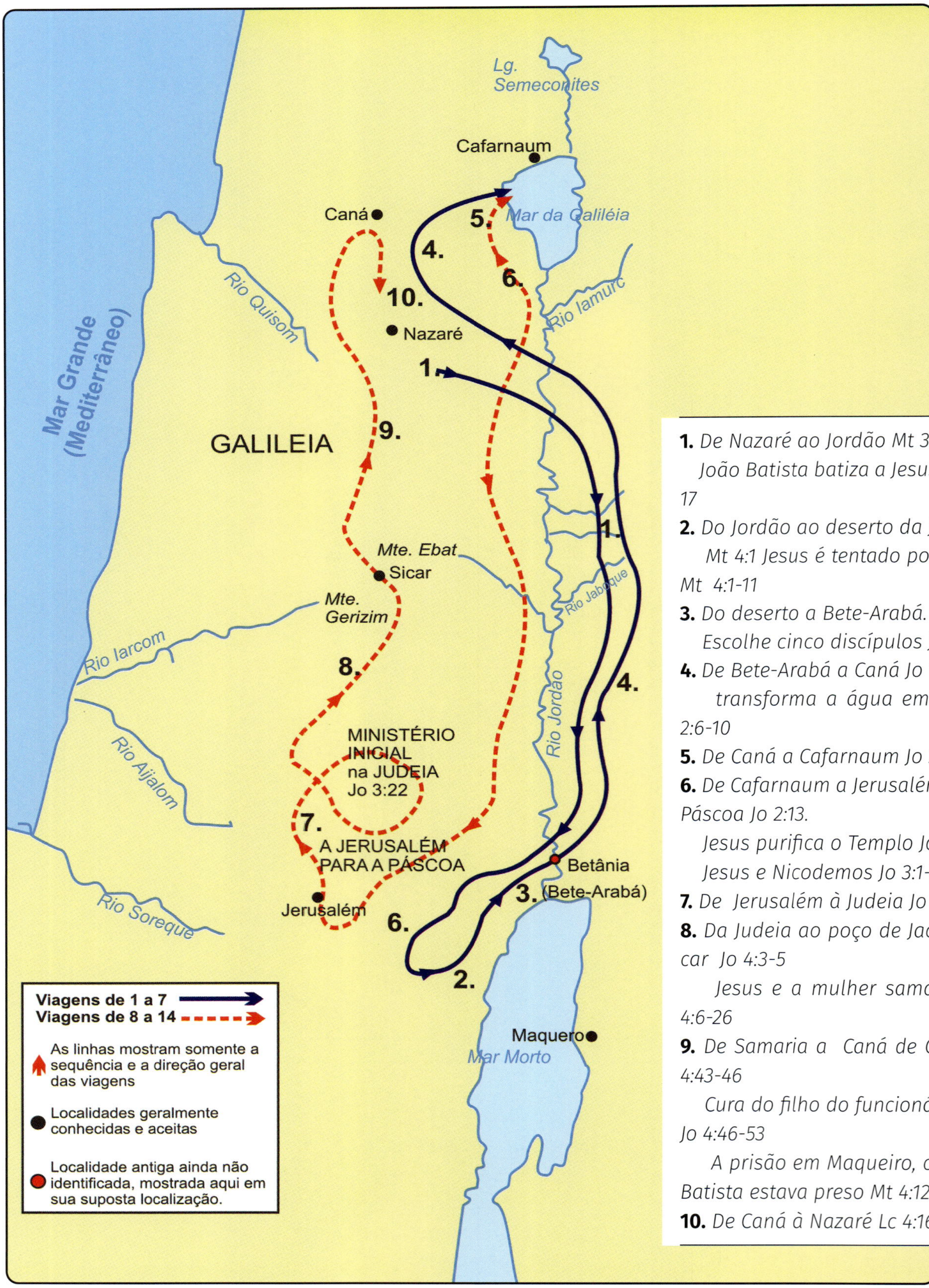

1. *De Nazaré ao Jordão Mt 3:13*

João Batista batiza a Jesus Mt 3:13-17

2. *Do Jordão ao deserto da Judeia*

Mt 4:1 Jesus é tentado por Satanás Mt 4:1-11

3. *Do deserto a Bete-Arabá.*

Escolhe cinco discípulos Jo 1 :38-51

4. *De Bete-Arabá a Caná Jo 1:43*

transforma a água em vinho Jo 2:6-10

5. *De Caná a Cafarnaum Jo 2:12*

6. *De Cafarnaum a Jerusalém, para a Páscoa Jo 2:13.*

Jesus purifica o Templo Jo 2:14-16

Jesus e Nicodemos Jo 3:1-21

7. *De Jerusalém à Judeia Jo 3:22*

8. *Da Judeia ao poço de Jacó, em Sicar Jo 4:3-5*

Jesus e a mulher samaritana Jo 4:6-26

9. *De Samaria a Caná de Galileia Jo 4:43-46*

Cura do filho do funcionário do rei Jo 4:46-53

A prisão em Maqueiro, onde João Batista estava preso Mt 4:12

10. *De Caná à Nazaré Lc 4:16-27*

Passos de Jesus no ano da oposição

1. *De Nazaré pelas cidades e povoações, a Cafarnaum Mt 9:35*

2. *De Cafarnaum ao deserto perto de Betsalda, Mc 9:35 alimentação dos 5 mil Mc 6:36-44*

3. *Do deserto, perto de Betsaida a Gene-zaré Mt 14:22,34, Jesus caminha sobre as águas Mt 14:25*

4. *De Genezaré a Cafarnaum Jo 6:24-25*

5. *De Cafarnaum à Fenícia Mc 7:24, cura da filha da mulher síria-fenícia Mc 7:25-30*

6. *Da Fenícia passando por Decápolis, cura de um surdo e gago Mc 7:32-37. Alimentação dos 4 mil Mt 15:32-38*

7. *De Decápolis, de barco a Dalmanuta Mc 8:10*

8. *De Dalmanuta, de barco, a Betsalda Mc 8:22. Perto de Betsalda, cura um cego Mc 8:22-26*

9. *De Betsalda a Cesareia de Felipe Mt 16:13*

10. *De Cesareia de Felipe ao Monte de Transfiguração Lc 9:28.*

Sobre o Monte da Transfiguração Lc 9:29-36 de volta, liberta o moço possesso de espírito imundo Mt 9:17-27

11. *Do Monte da Transfiguração a Cafarnaum Mt 17:24*

12. *De Cafarnaum a Samaria Lc 17.11 Perto de Samaria cura dez leprosos Lc 17:12-16*

13. *De Samaria a Jerusalém Jo 9:1. Em Jerusalém cura um cego Jo 9:1-41*

14. *De Jerusalém a Betânia cruzando o Jordão Jo 10:40*

Passos de Jesus em seus últimos meses

Israel e o Oriente Médio hoje

Localização Geográfica

Região situada entre o Oriente e Ocidente tendo como referência o Mar Mediterrâneo, o Oriente Médio inclui os países costeiros do Mediterrâneo Oriental (da Turquia ao Egito), a Jordânia, Iraque, Península Arábica, Irã e geralmente o Afeganistão. De forma mais ampla, inclui também o conceito de Oriente Próximo, cuja área não é precisa, abrangendo normalmente a Península de Anatólia, Síria, Líbano, Israel e Palestina.

Israel é pequeno, tem aproximadamente o tamanho do estado de Sergipe.

História de Israel e Oriente Médio

Quando Abraão tem seu primeiro filho, Ismael, com Hagar, a serva, ela despreza a Sara e Sara pede para Abraão expulsar Hagar e o pequeno Ismael de sua morada; começava a saga do povo árabe. Dos descendentes de Ismael temos os povos árabes (palestinos) e dos descendentes de Isaque temos o povo judeu.

Os judeus expulsos da Palestina pelos romanos já no século I da Era Cristã, acalentaram durante séculos o sonho de retornar à "Terra Prometida".

Após o holocausto promovido pelos nazistas durante a Segunda Guerra, em 1947, a ONU estabeleceu a divisão do território palestino entre judeus.

Em 14 de maio de 1948, foi proclamado o Estado de Israel, que se viu imediatamente atacado pelo Egito, Arábia Saudita, Jordânia, Iraque, Síria e Líbano. Os árabes foram derrotados e Israel passou a controlar 75% do território palestino. Os 25% restantes da Palestina, correspondentes à Faixa de Gaza e à Cisjordânia.

Em 1967, ocorre a Guerra dos Seis Dias. Os israelenses ocupam a Faixa de Gaza e a Cisjordânia (territórios habitados pelos palestinos) e tomam a Península do Sinai ao Egito, bem como as Colinas de Golan à Síria.

Do ponto de vista religioso, o Oriente Médio também é de extrema importância, pois foi o berço do surgimento do judaísmo, cristianismo e islamismo.